IL SEGRETO
e altri racconti

GW01080966

ACHILLE CAMPANILE

IL SEGRETO
e altri racconti

A cura di: Franca Meri
Consulente: Zita Vaccaro
Illustrazioni: Per Illum

EDIZIONE SEMPLIFICATA AD USO
SCOLASTICO E AUTODIDATTICO

Le strutture ed i vocaboli usati in questa edizione sono
tra i più comuni della lingua italiana e sono stati scelti
in base ad una comparazione tra le seguenti opere:
Bartolini, Taglialiavini, Zampolli
– Lessico di frequenza della lingua italiana comtemporanea –
Consiglio D'Europa – Livello soglia, Brambilla e Crotti –
Buongiorno! (Klett), Das VHS Zertifikat, Cremona e altri –
Buongiorno Italia! (BBC), Katerinov e Boriosi Katerinov –
Lingua e vita d'Italia (Ed. Scol. Bruno Mondadori).

Redattora: Ulla Malmmose

Design della copertina: Mette Plesner
Fotografia sulla copertina: Nordfoto

Stampato in Danimarca da
Sangill Grafisk Produktion, Holme Olstrup

ACHILLE CAMPANILE
(Roma 1900–1977)

esercitò tutta la vita la professione di giornalista, ma viene ricordato soprattutto per la sua opera di commediografo e di romanziere, e in modo particolare per il suo talento di umorista.

Fu autore di numerose opere, fra le quali: «Ma cos'è quest'amore?» (1924), «Se la luna mi porta fortuna» (1927), «Agosto, moglie mia non ti conosco» (1930), «Celestino e la famiglia Gentilissimi» (1942), «Il povero Piero» (1959), «L'inventore del cavallo e altre quindici commedie» (1971), «Vite degli uomini illustri» (1975), «L'eroe» (1976), «La moglie ingenua e il marito malato», pubblicato postumo nel 1984.

Nel 1973, Achille Campanile ottenne il Premio Viareggio per il suo «Manuale di conversazione», libro nel quale il suo umorismo esplode in un irresistibile fuoco d'artificio.

La sua conoscenza delle debolezze umane e delle piccole nevrosi del quotidiano, alle quali guarda con occhio attento ma benevolo, e di certi meccanismi mentali d'insicurezza e di paura che, se diventano politici, possono condurre l'umanità sulle strade più pericolose, sono gli elementi base del suo umorismo. Un umorismo garbato e mai moralizzante e, non di rado, teneramente malinconico.

INDICE

Il *segreto*

Sono un vecchio *all'antica*. Ho vissuto tutta la vita tra casa e università, dove ho insegnato fisica a migliaia di studenti. Sono rimasto vedovo presto, con una figlia che ha sposato il famoso Alak Allain, il giovane, famoso *scienziato* che ha inventato la bomba Z. Per molto 5 tempo, come tutti, non conoscevo il terribile segreto. Poi mi è stato rivelato, ma solo ora, dopo quello che è accaduto, dopo che i miei cari sono scomparsi, non ho più ragione di tacere e voglio rivelarlo, perchè i *posteri* devono sapere e imparare. Ma prima è meglio raccon- 10 tare come l'ho conosciuto.

Dopo che mia figlia si era sposata, era andata a vivere in un altro paese, dove il marito dirigeva gli studi e i lavori per la produzione della bomba Z.

Una volta dunque m'invitano a passare il Natale con 15 loro. Ma per entrare nella città dove gli scienziati lavorano e abitano con le loro famiglie, occorre un permesso. Le autorità sono molto *prudenti* nel concederlo, tanto più se si tratta, come nel caso mio, di uno scienziato. Ma mio genero mi procura il permesso e una fredda 20 sera di dicembre, dopo una lunga *visita doganale* e non so quanti *controlli*, arrivo alla città segreta. Il tassì che

---

segreto, una cosa che solo pochi conoscono
all'antica, secondo le vecchie maniere.
scienziato, una persona che studia e scopre cose nuove
posteri, quelli che ancora non sono nati
prudenti, attenti a non sbagliare
visita doganale, vedi disegno a pag. 8
controllo, visita

cancello

Visita doganale

mi ha accompagnato non può entrare. Però al di là dei *cancelli* mi aspettano mio genero e mia figlia con la loro automobile. Poco dopo siamo tutti e tre nel caldo e luminoso appartamento della *palazzina* dove abitano.

Già dopo i primi saluti, comincio ad accorgermi 5
della strana situazione.

Molte cose mi sorprendono. Mi sorprende quanto è stato difficile arrivare nell'appartamento dove Alak vive, e penso alle prove che ho passato per entrare nella «città proibita», dove possono abitare solo quelli 10 che lavorano al progetto della bomba e le loro guardie. Capisco i controlli, ma non capisco perchè mio genero e mia figlia devono vivere quasi come due prigionieri. La loro vita è molto comoda, ma le guardie non li perdono d'occhio un momento. La casa, chi la abita, chi 15 la frequenta sono sempre sotto controllo. E' difficilissimo per i miei parenti ricevere visite, e i rari visitatori, prima di poter entrare, devono dire chi sono, e vengono visitati, interrogati. Se arrivano per la prima volta, il loro passato viene studiato per sapere quali 20 sono state in ogni tempo le loro idee politiche, se hanno mai avuto rapporti – e di che genere – con la potenza che tenta di rubare il segreto della terribile arma.

Anche gli abitanti della «città proibita» non possono uscire senza speciali permessi, molto difficili da otte- 25 nere. In essi sono fissati il *percorso*, i posti dove possono fermarsi, le persone che hanno il permesso di vedere, ecc. In più sono sempre accompagnati o seguiti da

---

palazzina, piccolo palazzo
percorso, la strada fissata per arrivare a un certo luogo o per una gara sportiva

guardie, ogni volta diverse per evitare l'amicizia tra le guardie e quelli che devono essere controllati. Ma la cosa che mi sorprende di più è che anche le guardie sono a loro volta controllate da altre guardie.

5 Gli abitanti della «città proibita» non possono nemmeno uscire la sera per andare a teatro o al cinema. Perciò il governo provvede a tenere dei cinema e dei teatri dentro la «città proibita».

Naturalmente sono controllati i telefoni, la posta, gli
10 amici, i *fornitori*. Questi ultimi, anzi, non entrano nemmeno nella città. Lasciano ai cancelli i loro pacchi e li consegnano alla polizia della «città proibita» che esamina attentamente il loro *contenuto*. Tutto quello che entra e, soprattutto, che esce, viene controllato.

15 Non conviene neppure tenere persone di servizio, per evitare di dover avere in casa le guardie necessarie al controllo dei *domestici* e in più le guardie che devono controllare le guardie, ecc. ecc. Invece di avere dei domestici, le loro guardie e le guardie delle guardie,
20 le famiglie preferiscono avere soltanto le loro guardie personali. Tuttavia i controlli avvengono in modo da dare meno fastidio possibile.

Mio genero, naturalmente, ha dovuto giurare di non dire il segreto a nessuno, nemmeno alle persone più vi-
25 cine. Ugualmente gli altri scienziati e quelli che lavorano con loro, anche se non sanno nulla del segreto.

«Forse» domando a mio genero «del segreto ne sapete un poco per ciascuno?»

---

fornitore, chi procura e vende cose
contenuto, le cose che sono dentro il pacco
domestici, persone di servizio

«No,» mi risponde «a conoscerlo interamente siamo in tre: il capo dello Stato, io e il prof. Fournier Borksteiner. Gli altri conoscono solo una parte molto piccola e non sanno nulla l'uno dell'altro. È come un *mosaico* e ciascuno possiede una *tessera*, ma non conosce le altre e non sa nemmeno chi le possiede. Io e mia moglie siamo sotto controllo continuo, così come tutto quello che ha rapporto con noi.»

«Ma allora non siete liberi.»

«Non c'è niente da fare. Ma così siamo anche molto tranquilli.»

E tranquilli erano davvero. Ricordo una sera in cui avevamo letto nei giornali che una *spia* aveva dato la *formula* della bomba alla potenza nemica. Alak rideva.

«Non è possibile rivelarla,» diceva «perchè questa formula, come ti ho detto, la conosciamo solo io, Fournier e il capo dello Stato, e nessuno di noi può averla detta.»

Mio genero si mostrava completamente tranquillo, ma io non pensavo come lui: una formula di solito si trova in carte, *grafici*, documenti che possono essere rubati.

tessera

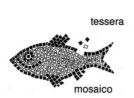

mosaico

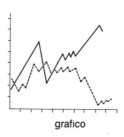

grafico

---

spia, persona che cerca di conoscere, o dice, i segreti
formula, per esempio: H2O, acqua

Quando dicevo queste cose, mio genero rideva. E rideva anche quando leggeva nei giornali: «Il nemico studia i grafici rubati e le formule».

«Studi, studi» diceva. «Se riesce a capirci qualcosa! 5 ...La verità, fuori che per noi tre è...»

Rispondevo:

«Anche se le formule sono cambiate in un modo che solo voi tre conoscete e anche se le spie son riuscite a rubare solo particolari noti agli altri, qualche partico-
10 lare da una parte, qualche particolare dall'altra... ri-costruire il tutto non è impossibile».

«Sta tranquillo. Non possono ricostruire niente. Troppo difficile. Siamo stati troppo prudenti.»

Forse non c'era niente di scritto, forse era tutto *affi-
15 dato* alla memoria dei due scienziati.

Ma una sera scoppia la bomba. Dico la bomba in senso figurato. Fournier era fuggito. Non avevo mai visto Alak così preoccupato come quella volta. Era dispe-rato. E disperato sembrara anche il capo dello Stato
20 che, dopo mezz'ora, era in casa di mio genero e di-ceva:

«Siamo rovinati».

Ma come? Fournier, l'uomo che era come un fratello per mio genero, l'uomo che non pensava altro che ai
25 suoi studi, aveva *tradito*. Ma perchè?

I giornali di ora in ora davano altre notizie: è stato vi-sto qua... è stato visto là... Un aeroplano speciale lo attendeva... una *corazzata* era a sua disposizione...

---

affidare, consegnare e conservare
tradire, non fare la cosa promessa

Davanti ai due uomini disperati, io mi sentivo male per la scienza.

«Tu sei sorvegliato» dico a mio genero «ma ricco, protetto, sei *potente*. Io ho dovuto fare tutto da solo. Sono povero e sono sempre stato povero. Ma...» 5

«Ora» mi risponde «siamo rovinati. Il segreto non è più segreto. Fournier è uno dei tre che lo conoscono. E il segreto può essere rivelato facilmente, quando lo si conosce. Tra poco non è più un segreto. Tanto vale dirlo anche a te.» 10

Alak chiude le porte e comincia:

«Per rivelarti il segreto voglio raccontarti una storia. Immaginiamo d'essere nel tremila. Io ti racconto quello che, con la bomba Z, è accaduto mille anni avanti (cioè ai giorni nostri). 15

«La cosa più strana e pazza degli uomini che vivevano una cinquantina d'anni prima del 2000 è il segreto d'una terribile arma che poteva distruggere il mondo. Tutto comincia durante una guerra nella quale le maggiori nazioni sono alleate contro un'altra al cui 20 governo c'è un *dittatore* che vuole diventare padrone del mondo. Per riuscirci, gli scienziati del suo paese lavorano per inventare un'arma terribile. Ma gli alleati

corazzata

---

potente, che ha potere
dittatore, una persona che ha tutto il governo di un paese nelle sue mani

13

vincono prima che la bomba sia finita e il dittatore muore. Allora gli scienziati passano al servizio dei *vincitori* e continuano a lavorare alla bomba. Così la terribile arma cade in mano di uno dei paesi che da essa doveva essere distrutto. Ma allora comincia tra i vecchi alleati una strana guerra senza armi per rubare l'uno all'altro il segreto di questa terribile arma. Ora, per capire il segreto, cerca di stare attento ai particolari che si ripetono in tutta la storia dal principio alla fine.»

Mi interessa molto e ascolto con attenzione.

«Tu sai» continua mio genero dopo un poco «come questa storia è cominciata, quando il nostro paese ha avuto in mano questi studi e ha costruito la bomba.»

«Cioè?»

«Il nostro paese l'ha usata... Come?»

«Per la guerra...»

«Naturalmente. Ma come?»

«Non so.»

«In modo molto prudente.»

«Prudente?»

«L'ha usata solo una volta, in paesi lontani.»

Mio genero dice queste parole molto lentamente e con una voce particolare, poi continua:

«In seguito la bomba è stata provata in alcune *isole oceaniche* dove non abitava nessuno, o in qualche *deserto*, o in posti molto lontani dalle zone abitate.»

Anche se sono cose ben conosciute da tutti, continua a parlare con importanza e molto lentamente, guardandomi negli occhi. Ma io ancora non capisco e lui continua:

---

vincitore, la persona o il paese che vince
deserto, regione come il Sahara, il Neghev etc.

«Tutti abbiamo visto le fotografie e i film delle terribili esplosioni. Fotografie e film fatti a grande distanza.»

«Ma è naturale... L'arma è molto pericolosa anche a grande distanza!»

«Certo, certo! E intanto gli studi continuavano, circondati dal più grande segreto.»

«Per forza. È un'arma nuova e bisogna fare attenzione alle spie che cercano di rubarla.»

Alak continua a guardarmi in un modo strano che mi fa sentire un poco stupido, e risponde: «E dopo quello che ti ho detto non hai ancora capito qual'è questo segreto?»

Lo guardo *sorpreso* e lui, a voce molto bassa, mi dice in un orecchio:

«La bomba Z non esiste!»

Sono senza parola per la sorpresa.

«Capisci? E' molto facile rivelare questo segreto. Finchè sentivamo dire: 'Il tale ha rivelato la formula', eravamo tranquilli. Perchè la formula non esiste e il vero segreto era che non esiste.»

«E i grandi impianti? Le fotografie? I film? Gli scoppi lontani?»

isole oceaniche

---

sorpreso, con sorpresa

«Per far credere che esiste.»

«E i *giuramenti*?»

«Si fa giurare di 'non rivelare che non esiste'.»

«Ma come!? Si *minacciavano* e si *rischiavano* guerre per rubare il segreto di quest'arma che poteva vincere le guerre ma che non esisteva?»

«Ora che si sa che la bomba non esiste, il pericolo di guerra è una realtà. Nessuno prima osava cominciare una guerra perchè temeva la terribile arma del nemico. Questa era la ragione del segreto. Ora che si sa che non esiste aspetto lo scoppio dello scandalo.»

«Lo scoppio dello scandalo è certo meglio che lo scoppio della bomba!»

Ma ecco che la radio comincia a parlare. Alak ascolta molto preoccupato. E' un discorso del capo dello stato nemico che dice: «Lo scienziato Fournier è passato tra noi. Egli ci ha rivelato...»

Alak si porta le mani ai capelli e aspetta d'udire «che la bomba Z non esiste». Ma subito un'espressione di sorpresa cambia il suo viso. La voce alla radio continua: «...la formula della bomba Z, che perciò noi oggi abbiamo già messo in produzione.»

Alak è sorpreso. Dunque il nemico *sta al giuoco*? E se Fournier ha davvero dato al nemico una formula che lui, Alak, non conosce?... Il nemico *finge* o fa sul serio? Ha imparato il segreto di fingere o davvero ha il

---

giuramento, quando si dà la parola d'onore di fare o non fare qualche cosa

minacciare, promettere un male

rischiare, fare una cosa pericolosa

stare al giuoco, fingere di credere

fingere, recitare

segreto di un'arma terribile? E può Alak *smentire* il nemico e rivelare che non esiste nessuna formula segreta e che questo è il segreto? Certo, questo può dirlo solo Fournier adesso, anche se per caso ha dato una formula segreta che solo lui conosce e che non ha mai 5 dato nemmeno ad Alak. Ma in questo caso più che mai bisogna far credere che la bomba esiste.

Dopo di ciò era necessario *fabbricarla* davvero.

E la fabbricano.

---

smentire, dire che quello che l'altro racconta non è vero
fabbricare, costruire, produrre

Domande

1. Come aveva vissuto il vecchio scienziato?

2. Dove vivevano Alak Allain e sua moglie?

3. Quali prove si passavano per poter entrare nella «città proibita»?

4. Che cosa si temeva?

5. Perchè non conveniva avere persone di servizio?

6. Chi conosceva il segreto della bomba Z?

7. Perchè Alak pensava che nessuna spia poteva ricostruire la formula della bomba Z?

8. Come comincia la storia della bomba Z?

9. Che cosa fanno gli scienziati dopo la vittoria degli alleati?

10. Dove viene usata la bomba la prima volta?

11. Perchè Alak è molto preoccupato della fuga di Fournier?

12. Che cosa è necessario nella nuova situazione?

13. Questa storia ti pare verosimile?

14. Questa storia ti pare divertente? Perché? Perché no?

15. Ti piace o non ti piace? Perché? Perché no?

Barnaba

Una piccola strada buia dalle parti di corso Garibaldi a Milano. Sporca, piena di *bettole* e di quelle case dalle quali si vedono uscire uomini soli che si allontanano in fretta a capo basso. Avete il coraggio di entrare in questa strada? Ci troverete anche «Giovanni», una *trattoria* piccola ma pulita, dove vengono quasi soltanto uomini, contenti dei suoi prezzi bassi e anche per il desiderio di stare in compagnia. Per noi senza famiglia è la nostra famiglia. Giovanni sta al *banco* con aria d'importanza, ascolta le confessioni dei *clienti* (tutti peccati non gravi) e *sollecita* la cucina. In realtà non conta niente in famiglia. La moglie prepara da mangiare. La figlia, bella signorina, studia lingue e aiuta il padre a fare i conti. Alcune parenti servono a tavola.

Tra i clienti tutti si conoscono. La sera ci sediamo insieme ed è un modo di non sentirsi proprio soli in una città come Milano dove, quando il tempo è brutto, altrimenti si è molto soli.

Uno dei clienti è Barnaba, la guardia di notte. Cliente per modo di dire. Ogni tanto la sera entra, beve un bicchiere di vino al banco, paga e esce. Certe sere – il sabato, per esempio, e la domenica – entra molto spesso; è appena uscito che subito ritorna. Altre volte beve solo un bicchiere o due in tutta la sera e, contra-

---

bettola, bar di poco prezzo
trattoria, piccolo ristorante familiare
banco, clienti, vedi disegno a pag. 20
sollecitare, dire di fare in fretta

clienti

banco

riamente a quel che si può credere, questo accade proprio nelle sere molto fredde, quando si ha più voglia di un buon bicchiere.

La ragione è semplice: per la presenza di quelle tali case, Barnaba è di servizio in quella brutta strada e fra i suoi doveri c'è quello di fare *contravvenzione* a chi si ferma per una di quelle necessità per le quali a Londra o a Parigi ogni cento passi ci sono degli speciali *edifici*, che stranamente sono scomparsi dalle città italiane.

Non so bene come funziona la cosa. Barnaba forse è pagato dal comune e ha il diritto di tenere per sè una parte della contravvenzione. Forse invece non è pagato, e al contrario paga lui al comune per avere il diritto di fare le contravvenzioni in un luogo così favorevole. E allora tutto il *guadagno* è suo.

In ogni caso, per ogni contravvenzione Barnaba si concede un bicchiere di vino. La poca luce e la presenza delle bettole e di quelle tali case, favoriscono gli affari di Barnaba. Appena usciti, tutti gli uomini si mettono faccia al muro per fare i comodi loro. Certi sabati sera i clienti arrivano in gruppi numerosi, e per prima cosa si fermano in una fila di sei o sette, mentre si chiamano, si parlano e scherzano da un capo all'altro della fila. Per Barnaba è un posto veramente d'oro.

Una cosa che non ho mai capito è dove si nasconde. Forse dietro una porta, come un *ragno* che aspetta la

---

contravvenzione, tassa che si deve pagare per aver fatto una cosa proibita dalla legge
edificio, casa anche non di abitazione
guadagno, i soldi che si ricevono per un lavoro o un affare fatto
ragno, vedi disegno a pag. 22

21

mosca per prenderla; o fra i resti dei muri di qualche vecchia casa. Si è sicuri che nella strada non c'è nessuno, si guarda da una parte e dall'altra. Ma basta fermarsi e cominciare a fare la cosa proibita, che lui
5 esce dal buio e grida per nascondere la gioia per il bicchiere di buon vino guadagnato.

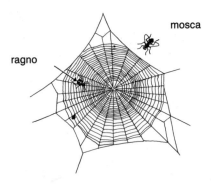

mosca

ragno

Noi, i clienti di «Giovanni», gli siamo diventati quasi amici. Anche lui è un pover'uomo che ha problemi in famiglia e *si consola* con quei bicchieri di vino. Quando
10 lo vediamo entrare nelle sere di vento e fermarsi al banco, lo salutiamo come un amico e lui ci risponde con un sorriso mentre vuota il bicchiere per tornare subito a fare la guardia.

Ogni tanto ha il suo giorno di riposo. Allora non sa
15 dove andare e viene in trattoria, ma non per lavoro. Quelle sono sere fortunate per chi vuole fare i comodi suoi. Lo stesso Barnaba quando entra in trattoria dice: «Stasera...», seguito da una frase molto chiara, per

---

consolarsi, fare qualcosa per dimenticare il proprio dolore e i propri problemi

dire che quella sera si può *gratuitamente* fare quella cosa proibita.

Poi è la *Vigilia* di Natale. In questa sera le trattorie fanno pochi affari e molte restano chiuse, anche perchè i proprietari e il personale fanno festa in casa. Le poche che restano aperte sono terribili. Sotto le lampade elettriche si vedono i tavoli bianchi e *deserti*, una piccola piramide d'*arance* su una *credenza* con attorno qualche pezzo di carne che ti fa triste soltanto a vederla, pochi clienti e un paio di camerieri che dormono in piedi come i cavalli.

Giovanni tiene aperto solo per noi che altrimenti non sappiamo dove andare.

Serata povera per Barnaba. Tutti nelle proprie case. Chiuse le bettole, chiuse quelle tali case. Anche là forse, senza i soliti visitatori, quella sera si fa la cena della Vigilia. E' una sera molto fredda e noi vedevamo Barnaba fuori a battere i denti. Non passa quasi nessuno, ma appena si sente un passo Barnaba scompare. Ci fa pena e pensiamo ai suoi problemi in famiglia, che quella sera, devono sembrargli anche più tristi e difficili.

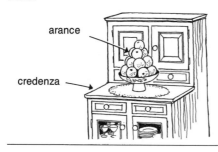

arance

credenza

gratuitamente, senza pagare
Vigilia, il giorno prima di una festa
deserto, senza persone intorno

Inutile cercare di offrirgli un bicchiere. Barnaba beve solo il vino guadagnato, per così dire, col suo lavoro. Quanto al farci mettere noi in contravvenzione, nemmeno pensarci. Data l'amicizia, a noi è permesso
5 fare quella tale cosa proibita agli altri. Qualche sera, *ingannato* dal buio, può capitargli di uscire dal suo *nascondiglio* e di trovare uno di noi. Allora nasconde la sua *delusione* e arriva a chiederci scusa di averci interrotto. Ma noi cerchiamo di non *abusare* troppo della
10 sua amicizia.

Per concludere: quella Vigilia di Natale, nella trattoria ci sono alcuni clienti non *abituali* ai quali chiediamo di farci il favore d'uscire un momento nel vicolo per fare quella cosa proibita. La contravvenzione
15 sarà a spese nostre. Arrivano anche degli amici ai quali abbiamo telefonato di venire a *brindare* con noi. Ma prima d'entrare devono prometterci di fermarsi faccia al muro nella strada di fronte.

Dopo mezz'ora una fila di ben sette persone sta in
20 piedi, faccia al muro, davanti alla trattoria e trasforma il *selciato* in una *carta geografica*.

Noi guardiamo da dietro la porta per goderci la gioia di Barnaba, coi bicchieri pronti per brindare. Dalle vicine case chiuse viene un leggero rumore di piatti.
25 Fanno festa per il Natale, e forse le ragazze ripensano

---

ingannare, far sbagliare
nascondiglio, luogo dove si nasconde una persona o una cosa
delusione, fine di una speranza
abusare, usare troppo e male
abituale, solito
brindare, alzare il bicchiere per fare gli auguri
selciato, pietre che formano il piano della strada

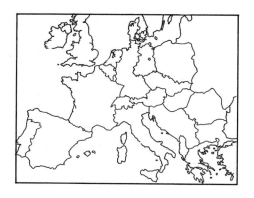

carta geografica

al paese, al tempo in cui erano bambine, ai genitori.

Ma dov'è Barnaba? Una volta tanto tarda ad appa- rire. Gli amici non si muovono. Qualcuno si gira per domandarci con un'occhiata quanto tempo ancora deve restare in quella posizione. Tra l'altro c'è molto 5 freddo.

Non sappiamo cosa pensare di Barnaba, di solito così pronto a difendere la legge. Qualcuno di noi esce fuori e cerca di farsi notare per tirare Barnaba fuori dal posto segreto dove si tiene nascosto. Infine ci de- 10 cidiamo a chiamare:

«Barnaba!».

Ed ecco che Barnaba, morto di freddo viene fuori dal buio, con forti colpi di tosse come per avvertire che arriva. 15

«Bè?» gli domandiamo, e mostriamo i sette uomini che, come avevano promesso, continuano a darci le spalle. «Non vede che *indecenza*?»

Barnaba, che non voleva vedere, deve vedere. Guarda i sette che, girati di spalle, attendono. Poi guarda noi, alza le spalle, sorride e dice:

5 «E' la Vigilia di Natale stasera, viva la libertà!»

Domande

1. Com'è quella strada, vicino a Corso Garibaldi?

2. Com'è la trattoria di Giovanni? Chi ci lavora?

3. Quale lavoro fa Barnaba?

4. Qual'è il miglior giorno della settimana per Barnaba?

5. Come vanno gli affari per Barnaba la Vigilia di Natale?

6. Come mai Barnaba non fa la contravvenzione ai clienti abituali della trattoria di Giovanni?

7. Che cosa fanno i clienti abituali per aiutare Barnaba a concedersi un bicchiere?

8. Che cosa pensano le ragazze delle case chiuse la Vigilia di Natale?

9. Che cosa pensi di Barnaba?

10. Che cosa pensi degli altri clienti?

11. Ti piace o non ti piace questa storia? Perchè?

---

indecenza, cosa brutta e che offende la morale

La *cartolina*

Appena scesi dal *pullman*, tutti gli altri *turisti* vanno al ristorante. Devono fare presto perchè hanno solo 45 minuti per mangiare e forse sarà difficile trovare posto.

Irene e Roberto invece, appena scendono dal pullman e prima di entrare nel ristorante, vanno sempre a comprare delle cartoline. 5

Ci sono persone nate per le cartoline e persone completamente contrarie. Le prime, quando viaggiano, appena si fermano anche per pochi minuti, vanno subito a comprare delle cartoline, scelgono, comprano, scrivono, prendono i *francobolli*, trovano la *cassetta postale*, *imbucano*. 10

Le seconde sanno che devono mandare cartoline, ma non riescono a trovare quelle giuste: una non è bella abbastanza, l'altra è troppo comune, etc. Quando poi le comprano, non riescono a scriverle, o perchè non ne hanno voglia o perchè non trovano la penna, o perchè non trovano l'indirizzo. 15

Se poi le hanno scritte, pensano di aver fatto abbastanza e decidono di lasciare a domani i francobolli, la cassetta postale, etc. Così le cartoline restano nella loro borsa per tutto il viaggio, e li seguono da un paese all'altro. 20

Quando, arrivati a casa, le ritrovano, decidono di

---

cartolina, pullman, turisti, francobolli, cassetta postale, vedi disegno a pag. 28
imbucare, mettere una lettera o una cartolina nella cassetta postale

pullman

cassetta postale

RISTORANTE

turisti

francobollo

cartolina

conservarle e spedirle il prossimo anno. Ma le cartoline possono restare molto tempo, dimenticate in un cassetto. E infine vengono buttate via senza essere state mandate.

Il fatto è che se si ha la cartolina, non si ha la penna, se si ha la penna non si ha la cartolina, se si hanno tutte e due le cose non si ha il francobollo, e se si ha anche il francobollo non si trova la cassetta postale.

Se si trova una cassetta postale, non si ricorda di avere la cartolina, oppure in quel momento non si hanno a disposizione le cartoline. E se si ha tutto, non si ha voglia di fermarsi a imbucare.

A questo tipo di persone appartiene anche l'Autore del presente racconto, Roberto e Irene invece sono le persone nate per le cartoline. Viaggiano soltanto per mandare cartoline. E non sempre le mandano per *generosità*.

Perciò, mentre i compagni di viaggio sono a pranzo, Roberto e Irene riempiono le cartoline di nomi, *indirizzi* e baci.

«Questa» dice Roberto, mentre sceglie una delle più belle, «la manderemo al professor Ciotola.»

«Ahi, s'è macchiata» dice all'improvviso. «Proprio la cartolina che volevo mandare a una persona così importante.»

Era una cartolina molto bella. Fa male al cuore buttarla.

«Non importa,» risponde Irene, «la mandiamo a un altro.»

---

generosità: gesto generoso
indirizzo: il nome della strada e della città dove si abita

«Ma ho già scritto 'Luigi'.»

«La mandiamo a un altro Luigi. A Luigi Fitto.»

«No, a lui no. A Luigi Riva, invece.»

«Ma perchè a Luigi Riva? Pensiamoci un momento.»

«Luigi Ridammi?»

«Ma no, quello stupido?»

«Don Luigi, allora?»

Don Luigi è il loro *parroco* che quasi nemmeno conoscono e che quasi non li conosce. La cartolina, per di più da un luogo come quello, può sembrargli un brutto scherzo.

Pensano e pensano, ma nessun Luigi fra quelli che conoscono sembra adatto alla loro cartolina, sino a che a Roberto non viene in mente un vecchio zio Luigi dimenticato da anni.

Così, dopo tanti anni di silenzio, il vecchio riceve una cartolina da questo parente, proprio mentre sta facendo testamento. E questa è la ragione per la quale lo fa suo *erede universale*.

---

parroco, prete che guida una chiesa
erede universale, la persona alla quale si lascia tutto ciò che si possiede

Domande

1. Che cosa fanno i turisti appena scesi dal pullman?

2. Riguardo alle cartoline, quali tipi di persone ci sono?

3. A quale tipo di persone appartengono Irene e Roberto?

4. Che cosa fanno Roberto e Irene mentre i compagni di viaggio siedono al ristorante?

5. Che cosa succede alla cartolina da mandare al professor Ciotola?

6. Racconta con parole tue (discorso indiretto) il dialogo tra Roberto e Irene.

7. Che cosa capita quando la cartolina arriva al vecchio zio Luigi?

Il celebre *scrittore*

Nella piccola stazione, Floro d'Avenza sale sul treno
e prende posto in uno *scompartimento* vicino ad altri
viaggiatori che lo guardano un momento, poi ricominciano a parlare tra loro. Sono quel genere di per-
5 sone che in treno, senza conoscersi, si raccontano tutto,
poi quando arrivano alla loro stazione si salutano e
dicono di essere felici di essersi conosciuti, si promet-
tono amicizia eterna, esprimono la speranza, anzi il
proposito di rivedersi presto e con più comodo, poi
10 ognuno va per la sua strada e non si rivedono più.

«Io» dice un signore *anziano* «vi immaginavo più
vecchio. Sapete, il vostro nome è noto da tanto tempo!
Chi non è dell'ambiente, quando sente parlare di una
persona nota crede sempre che essa *sia* almeno del se-
15 colo *scorso*.»

«E poi» dice una voce di donna «quando si legge un
libro, ci si fa l'idea di come deve essere la persona che
l'ha scritto. Di voi mi ero fatta l'idea di un uomo anziano e grosso. Non vi immaginavo così giovane e
20 d'aspetto così *brillante*. I vostri libri rivelano tanta esperienza di vita che sembrano scritti da un uomo anziano, un filosofo. Ma meglio così. Ora vi *ammiro* di
più.»

---

scrittore, una persona che scrive libri
anziano, non giovane
sia, congiuntivo presente di essere, 3˙ pers. sing.
scorso, passato
brillante, che colpisce per la sua intelligenza
ammirare, giudicare simpatico

angolo

scompartimento

Floro d'Avenza guarda e vede che quelle frasi sono rivolte a un giovane elegante e dall'aria molto fine e intelligente.

Chi può essere quel giovane così interessante? Quello scrittore conosciuto già da molto tempo, che scrive libri così pieni d'esperienza? Floro d'Avenza cerca e cerca ma non riesce a trovare un nome da mettere su quel bel viso. E' vero che di solito non vede molte persone e perciò non conosce molti scrittori. Ma di parecchi ha visto la fotografia. Il viso dello scrittore seduto davanti a lui non gli ricorda niente.

«Io» dice un altro *viaggiatore* «non m'intendo molto di libri. Voi siete uno dei pochi scrittori che ho letto e ora che vi ho conosciuto sento di ammirarvi ancora di più. Avete tra l'altro l'aria di fare dello sport.»

«E' vero,» dice il giovane scrittore, mentre si passa tra i capelli una mano con un bellissimo *brillante* «quando finisco di scrivere *vado a cavallo, faccio canottaggio, volo.*»

Come mai, pensa Floro d'Avenza, non mi riconosce, se è uno scrittore?

È vero che da molti anni i giornali continuano a usare una sua fotografia di quando aveva venticinque anni, che era un poco diversa da ora che ne ha

fare canottagio

---

viaggiatore, una persona che viaggia
brillante, pietra di molto valore
volare, un uccello vola, un aereoplano vola

cinquanta. Ma è davvero tanto cambiato?

Intanto il giovane scrittore continua a parlare e a farsi ammirare. Molte delle storie che racconta, Floro d'Avenza le conosce da parecchi anni. Poi il giovane elegante si prepara a scendere e dice a voce bassa: 5

«Sono arrivato al mio *eremo*».

«Avete qui la vostra casa?»

«Un *castello*,» risponde «dove passo qualche mese ogni anno, quando ho bisogno di stare solo.»

I compagni di viaggio gli chiedono un autografo che 10 lui concede volentieri. Poi bacia la mano alle signore, saluta tutti con modi gentili e salta giù dal treno mentre questo si ferma a una piccola stazione di campagna.

«Non immaginavo di poter incontrare in viaggio proprio Floro d'Avenza,» dice una signora quando il 15 treno si rimette in moto.

Floro d'Avenza la guarda con sorpresa. Possibile? Quel tale aveva fatto credere di essere lui. E lui non se ne era accorto. Quei bravi viaggiatori credevano d'aver parlato con lui, avevano detto per lui tutte quelle belle 20 cose e lui era lì ma nessuno sapeva chi era.

Ha voglia di dire la verità, di dire: Floro d' Avenza

andare a cavallo

castello

---

eremo, casa piccola e povera dove si vive soli

sono io! Ma aspetta di sentirsi più tranquillo, per dire le cose *con calma*, per sorprenderli e divertirsi. Per prima cosa cerca la sua *carta di riconoscimento*.

«Be',» dice un viaggiatore che non aveva ancora parlato «vi dico una cosa: a me piaceva come scrittore, ma ora che l'ho incontrato mi piace anche come uomo.»

«Anche a me è piaciuto molto» dice una signorina, «e voglio leggere i suoi libri.»

Floro d'Avenza ha trovato la sua carta di riconoscimento e si prepara a rivelare la verità. Vuole dire: «Scusate, signori, se mi permetto, ma sento che parlate di me. Ecco, guardate la mia fotografia nella carta di riconoscimento».

No, così non va bene. Vuole invece dire: «Vedo, signori, che mi trovate simpatico...» No, neppure così va bene. «Mi dispiace, signori, ma vi sbagliate. Floro d'Avenza è un mio carissimo amico...» vuole dire.

Ma i viaggiatori ricominciano a parlare.

«Che persona simpatica!» dice uno.

«E come parla bene!» dice un altro.

«Simpaticissimo!» dice una signora.

Chi può immaginare che Floro d'Avenza sono io? pensa Floro e si diverte a pensare la sorpresa degli altri quando lo rivelerà.

Già. Chi può immaginarlo? Chi può immaginare il famoso scrittore in quell'uomo *triste* e *taciturno* che se ne sta nell'*angolo* dello scompartimento?

---

con calma, con animo e voce tranquilli
carta di riconoscimento, per esempio un passaporto
triste, senza gioia
taciturno, che non parla o parla poco
angolo, vedi disegno a pag. 33

Floro d'Avenza guarda quel gruppo di persone che trovavano così simpatico un lui che non è lui. Pensa alla sua aria triste e *pensierosa*; ai suoi vestiti non eleganti; alle fatiche della giornata che hanno lasciato nel suo viso i segni della stanchezza; rivede nel pensiero 5 l'altro, giovane, elegante, simpatico; pensa ai bei capelli di lui, alla bella camicia, al castello. Ora i compagni di viaggio immaginano un Floro d'Avenza nelle grandi sale d'un vecchio castello, insieme a un *devoto* cameriere, davanti a una buona bottiglia, a un *cami-* 10 *netto* acceso.

Floro d'Avenza pensa che faceva più bella figura come l'«altro». E tace.

Il treno corre nella notte e porta i pensieri, i sogni, le fantasie, i ricordi dei viaggiatori. 15

caminetto

---

pensieroso, uno che pensa molto
devoto, che gli vuole bene

Domande

1. Dove si svolge questo racconto?

2. Chi c'è nello scompartimento?

3. Che cosa fanno gli altri viaggiatori quando Floro d'Avenza entra nello scompartimento?

4. Perché si sorprende di non riconoscere il giovane e elegante scrittore?

5. Quali sport pratica il giovane elegante?

6. Che cosa capisce il vero Floro d'Avenza, quando l'altro scende dal treno?

7. Che cosa dicono i suoi compagni di viaggio?

8. Che cosa vuol fare Floro d'Avenza per dimostrare che lo scrittore del quale parlano è lui?

9. Perché poi decide di non rivelare la verità?

10. Ti pare giusto o sbagliato quello che decide di fare?

Pazzi

Io certe volte penso di essere pazzo. E certe volte ne sono certo e desidero abbandonare ogni *finzione* di non esserlo.

Quella che chiamiamo *saggezza* non è *mancanza* di pazzia, perchè tutti siamo un poco pazzi. Solo che alcuni sanno nasconderlo meglio di altri. 5

Il bello è che quando son certo di essere pazzo e decido di abbandonare la finzione, subito mi sento *rinsavito*. Sino a che nascondevo la pazzia, mi sentivo pazzo. Quando decido di fare il pazzo, rinsavisco. 10

In genere siamo dei pazzi che fingiamo di essere sani, l'uno con l'altro.

Una volta, preoccupato dal dubbio di essere pazzo, decido di domandare a un medico se è una buona idea farmi visitare da uno specialista in *psichiatria*. 15

«Ma sei pazzo?» mi dice. «Perché vuoi farlo? Sarebbe una pazzia.»

«Naturalmente,» dico «se sono pazzo, non è strano che faccia pazzie.»

«Che vuol dire?» mi dice ridendo. «Anch'io sono 20 pazzo, ma non lo dico a nessuno. Fossi matto!»

«Perché?»

---

pazzo, matto
finzione, cosa non vera
saggezza, il contrario della pazzia
mancanza, una cosa che manca
rinsavito, uno che guarisce dalla pazzia
psichiatria, quella parte della medicina che si occupa delle malattie della mente

«Perchè bisogna essere pazzi per rivelare d'esser pazzi. Meglio non farsi problemi.»

Mentre esco, mi chiama.

«Ti prego» mi dice «non raccontarlo a nessuno.»

5 «Che cosa?»

«Che sono pazzo.»

Poi vado da un amico e gli dico: «*Vorrei simulare* la saggezza».

«Ti consiglio di non *imitare* me, allora» mi risponde.

10 Alla fine mi decido, mi presento in *manicomio* e chiedo d'esser *messo in osservazione*.

«Qual'è il vostro problema?» mi domanda il direttore.

«Ecco, io mi credo pazzo.»

15 «Non basta. Bisogna accertare se lo siete davvero.»

«Perché? Se io sono pazzo, lei mi considera pazzo?»

«Certo!»

«Ma non è giusto. Se io sono pazzo, non è pazzia credermi pazzo. Mentre, se non sono pazzo, è chiaro

20 che è pazzia che io mi creda pazzo.»

«Ma allora qual'è la vostra pazzia?»

«La mia pazzia è che mi credo pazzo e non lo sono.»

«Ma se non siete pazzo, non lo siete.»

«Lo sono, perchè non lo sono ma credo di esserlo. Se

25 sono pazzo e mi credo pazzo vuol dire che non sono pazzo, mentre se mi credo pazzo e non lo sono, vuol dire che lo sono.»

---

vorrei, condizionale presente di volere, 3ˑpers. sing.
simulare, fare in modo da sembrare (pazzo o saggio)
imitare, fare in modo da sembrare un altro
manicomio, ospedale psichiatrico
messo in osservazione, controllato e visitato

Il dottore del manicomio si passa una mano sulla fronte e mormora:

«Voi mi fate diventare pazzo.»

Poi si rivolge all'*assistente* e gli domanda:

«Pensa che dobbiamo metterlo in manicomio se non è pazzo?» 5

«Certo» dice l'assistente. «Perchè non è pazzo ma crede di essere pazzo e questa è la sua forma di pazzia.»

«Ma se pensiamo così, allora, se davvero è pazzo 10 non è da mettere in manicomio, perchè allora non è pazzo.»

«Certo. E' pazzo se non è pazzo.»

«Ma siete pazzo voi.»

«Non è vero. Sono pazzo se non credo pazzo uno che 15 non è pazzo ma che si crede pazzo.»

Insomma, il direttore mi visita con molta attenzione, prova le mie *reazioni*, mi *interroga*, mi batte *affettuosamente* la mano sulla spalla e mi dice:

«Andate, andate tranquillo; questo vostro credervi 20 pazzo non è *sintomo* di pazzia, perchè siete proprio pazzo.»

Me ne vado *tranquillizzato*: dunque non sono pazzo, visto che sono pazzo.

Un tale va dallo psichiatra. 25

«Dottore,» gli dice «mi aiuti: io sono pazzo.»

---

assistente, il medico che *assiste*, aiuta nella visita
reazione, ciò che dice e il modo in cui si comporta
interrogare, fare domande
affettuosamente, con simpatia, in modo simpatico
sintomo, segno di malattia
tranquillizzato, che non è più preoccupato

«Eh,» gli risponde lo psichiatra «si fa presto a dirlo. Che sintomi avete?»

«Stamattina, per esempio, mia moglie mi dice: "Oggi voglio mangiare *sassi*". "Sassi?" dico sorpreso.
5 "Sì, sassi. Non sai che cosa sono i sassi?" "Ma i sassi non si mangiano." "Sono molto buoni *fritti* con olio sale e *pepe*." "Sei pazza!" dico.»

«Ma certo» dice lo psichiatra. «Mi pare che pazzo non siate voi, ma vostra moglie.»

10 «Aspetti,» esclama quel tale «non le ho detto tutto: io non ho moglie!»

pepe

---

sasso, pietra
fritto, cotto nell'olio caldo

Domande

1. Qual'è, secondo lo scrittore, la differenza tra la pazzia e la saggezza?

2. Leggendo questo brano, ti pare che lo scrittore pensi che tutti siamo pazzi o che tutti siamo saggi?

3. Che cosa decide di fare il personaggio di questo racconto per sapere se è sano o pazzo?

4. Quale domanda gli fa il direttore del manicomio?

5. Trasforma tutto il dialogo dalla forma diretta alla forma indiretta.

6. Riassumi la storia del pazzo che vuole mangiare sassi.

7. Queste storie ti divertono? Ti sorprendono? Perchè?

Il *trovatello*

Giacomo entra nella piccola trattoria, ordina, si mette a mangiare. Il luogo è *deserto*. C'è una luce triste, *verdastra*. Un'aria di miseria. Non si sentono rumori. Gli orologi sembrano fermi. Il resto del mondo e la vita
5 sembrano lontani da quel luogo. In fondo, come un cavallo che dorme in piedi, c'è Aristide, cameriere triste, con la barba di un giorno e una *marsina* coperta di macchie e troppo grande per lui. Guarda il cliente – che è lì per la prima volta – poi gli dice:
10 «Io sono un trovatello.»

Il cliente continua a mangiare, senza rispondere. Passa qualche minuto di silenzio.

«Anche mio padre» dice poco dopo il cameriere «era un trovatello».

15 Giacomo lo guarda.

«Figlio mio,» dice «mi hai fatto il cuore triste, con questi discorsi di trovatelli. Non hai qualcosa di più allegro da raccontare?»

Ricomincia a mangiare, mentre il cameriere, di
20 nuovo silenzioso, continua a guardarlo da lontano, ogni tanto. Si capisce che vuol dire ancora qualcosa. Poi dice:

«La mia è un'antica famiglia di trovatelli. Una famiglia nella quale il *trovatellismo* va di padre in figlio».

---

trovatello, una persona della quale non si conoscono il padre e la madre
deserto, vuoto di clienti
verdastro, verde chiaro
marsina, giacca da lavoro dei camerieri
trovatellismo, parola inventata che vuole significare: «qualità dell'essere trovatello»

marsina

Domande

1. Com'è la trattoria?

2. Chi è Aristide? Descrivilo.

3. Chi è Giacomo? Che cosa pensi di lui?

4. Che cosa racconta Aristide a Giacomo?

5. Ti pare possibile «appartenere a un'antica famiglia di trovatelli»?

Angelo con le *ghette*

E' una fredda mattina di gennaio. Siamo nei giardini pubblici di Milano. Sotto la neve, due poveri *disoccupati* se ne stanno seduti su una *panchina*. Dai loro vestiti eleganti si capisce che non sono abituati a essere poveri e
5 che hanno conosciuto tempi migliori.

Un signore di passaggio si avvicina e con modi gentili li convince a raccontare la loro storia.

Sì, cercano lavoro. Qualunque cosa, pur di poter dare da vivere alla loro famiglia e non essere conside-
10 rati male dalle persone che prima li giudicavano bene.

Basta, voi credete che gli angeli esistono? Credete agli angeli con le ghette?

I nostri due disoccupati non ci avevano mai creduto, ma questa volta capiscono che nelle fredde mattine di
15 gennaio girano per la città, con le *ali* nascoste sotto il *cappotto*, degli angeli con le ghette, con gli *occhiali* e con una *borsa* sotto il braccio, per aiutare i poveri; e che il signore col quale parlano è proprio un angelo sceso dal cielo. Hanno appena finito di raccontare la loro storia
20 che lui dice:

«Ho un lavoro per voi. Venite con me. All'*Intendenza di Finanza* assumono persone come voi che hanno voglia di lavorare.»

L'Intendenza di Finanza è a due passi dai giardini
25 pubblici. I due disoccupati seguono il loro buon angelo che intanto spiega:

---

disoccupato, una persona che non ha lavoro
Intendenza di Finanza, l'ufficio dove si amministrano le tasse

angelo

ala

occhiali

borsa

cappotto

ghetta

panchina

«Sapete, si devono aumentare le tasse e perciò c'è bisogno di altri *impiegati*.»

Poco dopo salgono le scale del palazzo e il buon angelo li fa entrare in una stanza.

5 «Aspettate qui,» dice «dovete *sottoporvi a una visita medica*. Se non avete malattie, non c'è nessun problema. Ma se siete malati è meglio dirlo subito, perchè allora non è possibile darvi lavoro.»

«Nessuna malattia,» assicurano i due. «Proprio nessuna.»

10 «Bene, bene. Intanto toglietevi i vestiti.»

E il signore se ne va e chiude la porta.

I due, tutti contenti, cominciano a togliersi tutti i vestiti e li mettono sopra una panca. Poco dopo torna 15 l'angelo: «Siete pronti? Bene. Passate nell'altra stanza, e aspettate il medico.»

I due (adesso sono loro che sembrano angeli) passano nell'altra stanza e cominciano ad aspettare. Aspetta, aspetta, dopo mezz'ora (stanno per morire di 20 freddo) s'apre una porta, un *usciere* entra e resta *esterrefatto* alla vista di due uomini nudi.

«Che fate qui?» grida.

«Aspettiamo il dottore», dicono i due battendo i denti dal freddo «per la visita...»

25 «Dottore?... Visita?... Aiuto!... Due pazzi!»

Per concludere: l'angelo con le ghette è scomparso e con lui sono scomparsi i vestiti dei due disoccupati. Ora

---

impiegato, la persona che lavora in un ufficio
sottoporre a visita medica, far visitare da un medico
usciere, impiegato che, fra l'altro, controlla chi entra e chi esce dall'ufficio
esterrefatto, molto sorpreso

non deve sembrarvi una *battuta* di cattivo gusto, ma quando i due appena coperti di qualche *straccio* che avevano avuto per pietà, escono dall'Intendenza di Finanza, la gente che li vede, dice: «Guarda, come riducono i *contribuenti*!»

5

Domande

1. Che cosa raccontano i due disoccupati al gentile signore?

2. Che cosa risponde l'angelo con le ghette?

3. Perchè i due disoccupati devono togliersi i vestiti?

4. Che cosa crede l'usciere, quando sente che aspettano un dottore?

5. Che cosa dice la gente quando li vede uscire coperti di stracci?

6. Ti pare una storia triste o divertente? Perché?

---

battuta, frase detta per divertire
straccio, pezzo di vecchia stoffa
contribuente, il cittadino che paga le tasse

Il biglietto da visita

Un *viandante* molto mal vestito entra in un grande albergo. E' insieme al figlio che è un bambino anche lui molto mal vestito. L'uomo va direttamente dal *portiere gallonato* e gli dà un biglietto da visita che ha appena ti-
5 rato fuori da una vecchia borsa.

«Mi annunci al *direttore*» gli dice.

Il portiere guarda dall'alto in basso lo strano personaggio, vede le sue scarpe in cattivo stato, il bastone che gli serve da difesa contro i cani nelle strade di cam-
10 pagna, e infine dà uno sguardo al biglietto da visita. Subito la sua espressione cambia, *fa un inchino* e corre ad annunciare il *visitatore* al direttore.

Sul biglietto si legge:

«*S. E.* prof. ing. avv. comm. Pasini».

15 Dopo poco, dall'alto della scala scende di gran fretta il direttore dell'albergo in persona che è stato chiamato mentre stava per andare a letto. Col biglietto in mano fa un profondo inchino al visitatore e: «In che posso servirla, eccellenza?» chiede.

20 «Non sono eccellenza», dice il viandante.

«Ma sul suo biglietto c'è scritto *S. E.*» dice l'altro.

«Sono le *iniziali* del mio nome: Silvio Enea.»

Il direttore ci resta un poco male.

«Bene professore,» risponde, «dica pure.»

---

viandante, una persona che cammina a piedi da un paese all'altro
direttore, uno che dirige, per esempio, di un albergo
visitatore, uno che arriva in visita
S. E., iniziali di Sua Eccellenza
iniziali, le prime lettere di una parola

fare un inchino

facchino

portiere gallonato

viandante

«Non sono professore» dice il visitatore gentilmente. «Ma questo 'prof.'?»

«Significa *profugo*» spiega il nuovo venuto. «Sono profugo d'un campo di concentramento.»

5 «Mi dispiace molto *ingegnere*» dice il direttore dopo aver guardato di nuovo il biglietto da visita.

«Non sono ingegnere» *mormora* il visitatore.

«Ma qui c'è un 'ing'... che cosa significa?»

«*Ingegnoso*. Nient'altro che ingegnoso» dice il vian-
10 dante. «E la prova che sono ingegnoso è che questa *abbreviazione* certe volte mi è utile.»

«Ah,» risponde il direttore un po' freddo «allora la chiamo *avvocato*.»

«Avvocato?» dice il nuovo venuto divertito. «Quando
15 ho fatto questi biglietti ero *avventizio* nel posto che occupavo. Questo spiega quell' 'avv.' che sta per avventizio.»

«E qual'era questo posto, *commendatore*?» domanda il direttore con rispetto.

20 Ma l'altro dice tutto serio:

«Non deve chiamarmi commendatore, perchè non sono commendatore, quando ho fatto il biglietto da

---

profugo, una persona che ha dovuto lasciare il suo paese per ragioni politiche
ingegnere, uno che costruisce case, ponti, strade, macchine
mormorare, parlare a voce bassa
ingegnoso, uno che sa inventare
abbreviazione, modo di interropere una parola per farla più corta. Es: Prof., Ing., Avv., Comm.
avvocato, uno che ha fatto studi di legge all'università
avventizio, una persona che ha un lavoro la cui durata non è garantita
commendatore, una persona alla quale lo stato ha riconosciuto dei meriti molto speciali

visita ero *commesso* d'albergo.»

Il portiere gallonato, quando sente che quell'uomo che aveva creduto così importante non è che un commesso d'albergo, cade *svenuto* per la sorpresa. Il colpo è così grave che si *ammala* e poco tempo dopo muore. Per 5 fortuna non subito, ma dopo la fine di questa storia, così che non siamo costretti a rattristare i nostri lettori col racconto della sua malattia.

Il direttore d'albergo invece dice freddamente:

«Dica, Pasini!» 10

L'altro *scuote il capo*.

«Come?» grida il direttore. «Scuote il capo? Non è nemmeno Pasini? Questo è troppo.»

Ma l'altro lo *tranquillizza*.

«Scuoto il capo per passare il tempo» dice. 15

«Bene, brav'uomo» *borbotta* il direttore, e deve farsi forza perchè non gli è facile chiamare brav'uomo uno che pochi minuti prima aveva chiamato commendatore. «Che cosa desidera?»

«Desidero essere assunto come *facchino*.» 20

«E per questo mi fa alzare dal letto?» grida il direttore. «Non abbiamo nessun lavoro per Lei!»

E se ne va senza neppure salutare.

Il viandante mal vestito rimette il biglietto nella borsa e col figlioletto per mano si allontana nella notte. 25

---

commesso, uno che vende in un negozio o che fa lavori di poca importanza per esempio in un albergo
svenire, perdere la coscienza per qualche minuto
ammalarsi, diventare malato, perdere la salute
scuotere il capo, muovere il capo da destra a sinistra per dire di no
tranquillizzare, far stare tranquillo
borbottare, parlare a voce bassa
facchino, vedi disegno a pag. 51

Domande

1. Come sono vestiti il viandante e il figlio?

2. Che cosa pensa il portiere quando legge il biglietto da visita?

3. Che cosa fa, dopo averlo letto?

4. Perchè il direttore è così rispettoso? che cosa crede?

5. Che cosa fa il portiere quando capisce d'aver sbagliato?

6. Che cosa voleva il visitatore?

7. Questa storia ti pare triste o divertente? Perché?

8. Prova a raccontarla con parole tue, e in non più di dieci righe.

Contro l'*insonnia*

Nell'albergo mancano delle stanze libere e Arturo e Gustavo sono costretti a dormire nella stessa camera. I due amici hanno avuto una cena piuttosto abbondante, inoltre è estate e fa molto caldo. Arturo non riesce a dormire. Si muove continuamente, tenta posizioni diverse, mette la testa al posto dei piedi, si mette il *guanciale* fra le ginocchia, nella speranza che ogni cambiamento e il fresco che per un momento riesce ad averne lo *aiutino* ad addormentarsi.

Ma il sonno non si decide a venire.

E il peggio è che l'amico, nel letto vicino, dorme tranquillamente, come un sasso. E questo gli pare *insopportabile*.

Ma la verità è che nemmeno Gustavo dorme. Sembra che dorma, ma anche lui soffre il caldo e l'insonnia. Ma, mentre Arturo cerca il sonno nel movimento, col cambiare posizione, lui lo cerca nel contrario, e resta completamente fermo.

Certe volte sente che il sonno sta per arrivare, che sta per provare quello stato di non-coscienza che spesso annuncia la fine dell'insonnia. Ma basta il più piccolo rumore per riportarlo alla coscienza, per far fuggire quel nero uccello silenzioso che si chiama sonno. Si può immaginare il fastidio che gli danno i movimenti del-

---

insonnia, mancanza di sonno
guanciale, vedi disegno a pag. 56
aiutino, congiuntivo presente di aiutare, 3ᵃ pers. plur.
insopportabile, impossibile da accettare

l'amico che fanno *cigolare* il letto e l'*odio* con cui lo sente *sbuffare*. Un caro amico, sì, ma quella notte ha quasi voglia di *strozzarlo*.

Da parte sua, Arturo, anche se vuole bene a Gustavo, non è tanto contento di sentire che non soffre come lui. Ha voglia di fare qualcosa per svegliarlo, per vederlo soffrire, per averlo compagno nella pena. O, almeno, per riuscire a addormentarsi, per sentire a un tratto di scendere nel dolce nulla del sonno.

Ma non riesce, allora scende dal letto, va alla finestra per avere un po' d'aria meno calda. Spera così di *stancarsi*. Spera che se ammette che non può dormire, il sonno finalmente arriva.

Ma il sonno non viene. Arturo non riesce a stancarsi. Chi ha l'insonnia cerca d'addormentarsi in una fretta che è proprio nemica del sonno. Torna a letto.

Intanto Gustavo, la testa sotto le *lenzuola*, morto di caldo, cerca di non sentire e di non parlare, per non perdere quel filo che lo lega al sonno se riesce a stare fermo.

Poi Arturo si ricorda che per combattere l'insonnia si può passare un *asciugamano* bagnato sul *dorso*.

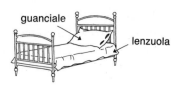

guanciale

lenzuola

---

cigolare, fare un rumore che dà fastidio
odio, ciò che si sente quando si odia
sbuffare, respirare, mandare rumorosamente dell'aria attraverso le labbra
strozzare, stringere la gola di una persona sino a farla morire
stancarsi, divenire stanco

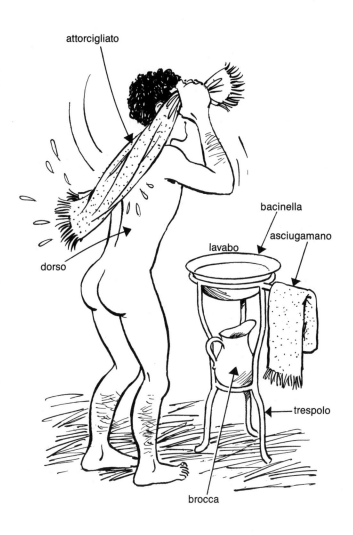

attorcigliato

bacinella

asciugamano

lavabo

dorso

trespolo

brocca

57

S'alza di nuovo. Nella camera non c'è acqua corrente. C'è un *antiquato lavabo* dove la *bacinella* poggia su un *trespolo* che ha, sotto, una *brocca* piena d'acqua.

Arturo va al lavabo, versa l'acqua nella bacinella.

5   Ma che fa? pensa Gustavo, fuori di sé dal fastidio per i piccoli rumori che Arturo fa quando bagna l'asciugamano e se lo passa sul dorso. Poi, quando l'acqua fredda a *contatto* col corpo *s'intiepidisce*, Arturo bagna di nuovo l'asciugamano, e ricomincia a passarselo sul
10 dorso.

Ma che cosa fa? continua a pensare Gustavo, sentendo quei rumori strani nel buio della stanza. Ha voglia di strozzare l'amico.

Poichè bagnare tutto il dorso è difficile, Arturo prova
15 a darsi dei colpi con l'asciugamano bagnato e *attorcigliato*. Il rumore forte e improvviso del primo colpo arriva alle orecchie di Gustavo che pensa:

«Maledetto! Ma che fa?»

Arturo continua a battersi, ma a un tratto l'asciu-
20 gamano colpisce il trespolo e lo fa cadere insieme alla bacinella piena d'acqua e alla brocca. Arturo tenta di fermarli ma cade anche lui. E' un rumore enorme che per un momento distrugge il silenzio e la pace del piccolo albergo.

25 Gustavo si alza a sedere nel letto e grida:

«Maledetto! Ora ti strozzo!» e si getta su Arturo

---

antiquato, non moderno
lavabo, bacinella, trespolo, brocca, vedi disegno a pag. 57
contatto, quando due cose o persone si toccano c'è un «contatto»
intiepidire, diventare meno freddo
attorcigliare, girare molte volte attorno a se stesso, vedi disegno a pag. 57

ancora steso per terra. I due *si rotolano* per terra fra i resti degli oggetti rotti, *si picchiano* senza pietà, battono la testa sui mobili e sulle pareti, sino a che, stanchissimi, salgono ciascuno sul suo letto e s'addormentano d'un bel sonno profondo e tranquillo.   5

Domande

1. Perchè Arturo e Gustavo dormono nella stessa camera?

2. Che cosa hanno fatto, prima di andare a dormire?

3. Che cosa fa Arturo per combattere l'insonnia?

4. E che cosa fa e pensa Gustavo?

5. Descrivi la situazione dell'insonnia per i due personaggi di questa storia.

6. Qual'è la nuova idea di Arturo per combattere l'insonnia?

7. Che cosa fa Gustavo quando Arturo cade?

8. Prova a raccontare la stessa storia, in non più di dieci righe.

---

rotolarsi, girare su se stesso, stando steso per terra, sul letto o altrove
picchiare, battere

Centenari, o: il racconto del capitano Horn

C'è in giro una terribile *moria* fra i centenari, dice il capitano Horn. Ogni tanto leggo nei giornali della morte di un vecchio o una vecchia, che aveva più di cento anni. Chissà perchè. Forse c'è un'epidemia fra
5 i centenari. Oppure, quelli che muoiono hanno mangiato e bevuto troppo. Certo, a cent'anni non ci si può sentire tranquilli.

Però, leggo spesso anche di vecchi e vecchie che sono arrivati oltre i cent'anni d'età e ancora non sono morti.
10 Secondo le notizie che di essi danno i giornali, questi vecchi si somigliano tutti l'un l'altro in modo da fare impressione. Particolarmente: a) sono tutti *arzilli* (non ho mai letto d'un centenario che non *fosse* arzillo); b) conservano piena *lucidità di mente*; c) hanno un gran nu-
15 mero di figli, nipoti e pronipoti; d) quasi tutti, il giorno del loro *compleanno* vogliono *danzare* col più giovane della famiglia.

Io poi non capisco, e debbo dire che non la trovo nemmeno seria, tutta questa passione per la danza in
20 vecchi più che centenari.

Ma quello in cui questi vecchi vanno tutti d'accordo, è nei segreti che hanno permesso loro di vivere così a lungo. Ho più volte pensato a questi segreti e ho concluso che io devo essere un fenomeno vivente.

---

centenario, persona che è arrivata a vivere cento o più anni
moria, grande numero di morti
arzillo, contento e vivace
lucidità di mente, intelligenza e memoria
fosse, cong. imp. di essere, 3˙ pers. sing.
compleanno, giorno in cui si compiono gli anni

danzare

Io non vivo in un modo un po' diverso da quello dei più che centenari. No. Io vivo in un modo esattamente opposto. Loro dicono:

«Andare a letto presto e alzarsi all'*alba*.» Io vado a
5 letto all'alba e mi alzo verso sera. L'altra mattina alle sei mio zio, che si alza sempre molto presto (e però non ha ancora raggiunto i cent'anni d'età), è venuto a *bussare* alla mia porta, gridando allegramente: «Sveglia!». «Ma che sveglia», dico «se ancora devo andare a letto!»
10 Ci è rimasto male. La mia cattiva abitudine di *coricarmi* tardi mi costa spesso lunghe *prediche*, da mio zio. E queste prediche sono la sola cosa che *riesca* a farmi addormentare un po' prima. Alla terza, quarta frase io già dormo. Ma torniamo alle abitudini dei centenari.
15 «Avere la testa fredda e i piedi caldi.» Quanto ai piedi non ho mai osservato, ma la mia testa è piuttosto calda.

«Non fumare.» Fumo.

«Fare molto moto.» Ne faccio pochissimo.

«Star molto all'aria *aperta*.» Io sto all'aria aperta solo
20 per andare da un luogo chiuso a un altro luogo chiuso.

Ora, se viene considerato un fenomeno chi raggiunge i cent'anni d'età perchè vive a quel modo, io sono un fenomeno che merita un interesse anche maggiore perchè vivo in modo del tutto diverso e ho già
25 raggiunto una certa età. Perchè non viene mai nessuno a domandarmi come ho fatto? Secondo le regole dei centenari, io ho sempre vissuto in un modo che poteva

---

alba, la prima luce del giorno
bussare, battere alla porta per farsi aprire
coricarsi, andare a letto
predica, lungo discorso
riesca, cong. pres. di riuscire, 3˙ pers. sing.
aperto, il contrario di chiuso

permettermi d'arrivare al massimo a dieci anni d'età.
Ora ne ho più di due volte tanto, ma nessuno viene a
studiarmi e domandarmi come ho fatto ad arrivarci.
Certo non sono arzillo come quei vecchi che ballano
con i ragazzini, ma un po' arzillo lo sono anch'io. Dun-   5
que, perchè non vengono a *intervistarmi*? Perchè non
mettono la mia fotografia nei giornali, fra l'uomo più
alto del mondo, la donna che pesa duecento chili, la
patata che *somiglia* a Dante Alighieri e il *vitello* nato con
due teste?   10

vitello

So di un centenario che per tutta la vita era stato una
persona molto *modesta*. Non gli era mai passato per il
capo di parlare della sua età quando aveva quaranta,
cinquanta, sessant'anni; anzi, per molto tempo la na-
scondeva e addirittura si toglieva qualche anno. Poi, ar- 15
rivato ai novant'anni, comincia a parlare della sua età
come se sia un merito e arriva anche ad aggiungersi
qualche anno. Passano così dieci anni abbastanza tranquilli. Ma a cent'anni gli viene all'improvviso il desiderio di diventare famoso. Comincia a mandare la sua   20
fotografia ai giornali e scrive:

---

intervistare, fare domande per la radio, i giornali, etc.
somigliare, avere un aspetto che ricorda quello di un'altra persona o cosa
modesto, che non si mette in vista

63

«Balla come un bambino nel suo centesimo compleanno». Notate: nel «suo» compleanno, non nel centesimo compleanno di altri, come talvolta ho fatto io, e nessuno se ne è mai interessato. Quella della danza
5 diventa per lui una vera *mania*. Ogni volta che c'è una festa in famiglia, vuole danzare con i nipoti – i quali non si divertono neppure un poco, perché sono contrari alla danza –. Arriva a iscriversi a una scuola di danza per poter danzare nei vari suoi compleanni an-
10 che le danze moderne, e anche quelle antiche perché prima dei cent'anni non ha mai danzato. Arriva addirittura a *truccare* le fotografie per mostrarsi mentre solleva grossi pesi e mentre fa *esercizi ginnastici* che in realtà non ha mai fatto.

15 Naturalmente i giornali non le *pubblicano* e lui, dei giornalisti che non vanno a intervistarlo, dice:

«Quegli stupidi non si vedono ancora».

Quando nei giornali legge le notizie politiche, grida:

«Ecco che cosa scrivono! Ma che me ne importa di
20 quello che fa o non fa il governo americano, o questo o quell'uomo politico? Qui ci sono io che ho cent'anni e di me non scrivono nulla!»

Scrive lunghe lettere ai giornali per chiedere se vogliono avere particolari sulla sua vita. Rispondono: «Il
25 caso non ci interessa». Insiste. Niente da fare. Accusa giornali e *settimanali* di non capire niente e quando vede

---

mania, idea fissa
truccare, trasformare per dare un'immagine falsa
esercizi ginnastici, movimenti di ginnastica
pubblicare, rendere pubblica una notizia o una fotografia
settimanale, giornale, spesso con molte fotografie, che si pubblica
una volta alla settimana

le fotografie di altri centenari fa delle grandi scene e le strappa in mille pezzi. Accusa il tale e il tal'altro centenario di fargli la guerra e che perciò i giornali – venduti, secondo lui, a un certo centenario di chi sa quale paese in mezzo ai monti – rifiutano di scrivere di lui. E scrive 5
lettere piene d'*insulti* agli altri centenari, appena legge i loro nomi nei giornali.

«Ho capito,» dice alla fine «qui per far parlare di me bisogna che muoia.»

E muore. 10

Detto questo, il capitano Horn tace e abbandona il capo sul petto. Gli andiamo vicini.

«Horn!» grida qualcuno.

«Horn!» ripetiamo.

Horn non risponde. Il capo abbandonato, l'occhio 15
immobile, il capitano Horn è morto.

---

insulto, parola o atto che offende
immobile, che non si muove

Domande

1. Quali sono le regole di vita dei centenari?

2. Quali sono le regole di vita del capitano Horn?

3. Racconta che cosa accade quando lo zio, alle sei di mattina va a svegliare il capitano Horn.

4. Perché il capitano Horn si considera un vero fenomeno?

5. Racconta brevemente la storia del vecchio che voleva diventare celebre.

6. Che cosa pensa di lui il capitano Horn?

7. Che cosa pensa il vecchio dei giornalisti?

8. Che cosa decide di fare per interessare i giornali?

9. Che cosa fa il capitano Horn, dopo aver terminato di raccontare?

10. Ti eri atteso questa fine?

L'apostolo

Caduta la *monarchia*, uno dei primi atti del governo *re-pubblicano* è quello di fare onore alla memoria di Bonaventura Calsar che per tutta la vita ha insegnato l'amore per la patria e per l'idea repubblicana. Già molti monumenti e strade, scuole, teatri in ogni città 5
portano il suo nome.

Ora però si tratta di costruire un grande *mausoleo* per conservare con l'onore dovuto i resti mortali del grande maestro repubblicano. E con l'occasione si decide di aprire la *tomba* per controllare lo stato della 10
salma. Sono presenti il presidente della giovane repubblica, il presidente del parlamento, il capo del governo, i capi del partito repubblicano, il *sindaco* della città e poche altre persone molto importanti.

E' una mattina scura, piove. Il gruppo entra silen- 15
zioso nel *cimitero* dove alcuni giornalisti e fotografi aspettano.

Presso la tomba ci sono degli operai che, dopo un ordine, cominciano ad aprire la tomba. Poi attentamente tirano su la *bara* che cento anni prima ci aveva trovato 20
posto.

Tolgono la polvere che copre la bara e appare il nome

---

monarchia, uno stato con a capo un re (monarca)
repubblicano, forma di stato con a capo un presidente
mausoleo, *tomba*, vedi disegno a pag. 68
salma, corpo di una persona morta
sindaco, la persona eletta a guidare e rappresentare i cittadini di un paese o città
cimitero, *bara*, vedi disegno a pag. 68

mausoleo

bara

tomba

Cimitero

«Bonaventura Carlsar», con le due date della *nascita* e della morte. Tutti sono commossi quando, con molta attenzione, gli operai aprono prima la cassa di legno e poi quella di *zinco*.

Ora voi che leggete queste righe forse credete che io 5 racconto la storia perchè si scopre che la cassa è vuota o che al posto del corpo del grande maestro ce n'è un altro. Ma vi sbagliate. Dentro la cassa c'è proprio lo *scheletro* del grande repubblicano. E tutto è in ordine. E' chiaro che da quando la bara è stata messa nella 10 tomba, nessuno ha potuto toccarla.

scheletro

Tutti sono sorpresi quando il *medico legale* alza il *sudario* e vedono che la salma tiene in mano qualcosa. Forse un documento importante, un testamento morale del maestro. 15

Prendono l'oggetto con grande attenzione e vedono che infatti è un *astuccio*. Dentro c'è un *rotolo* di carta nella

astuccio

rotolo

---

nascita, il nascere
zinco, metallo usato per fare le bare
medico legale, un medico che rappresenta la legge
sudario, lenzuolo che copre la salma

quale sono scritte delle parole. Sono quasi *illeggibili* ma si capisce che la scrittura è del grande repubblicano morto.

Subito viene chiamato il professor Livin, il *restauratore* conosciuto in tutto il mondo, che senza perdere tempo si mette al lavoro, in mezzo all'attenzione commossa di tutte le persone presenti.

Il professor Livin guarda il foglio con grande attenzione, lo mette a bagno, attende un momento mentre continua a osservare il documento con una *lente*.

Tutti trattengono il respiro. Si sente volare una *mosca*.

Dopo circa un quarto d'ora Livin alza la testa. L'operazione è riuscita! Attraverso il *liquido* della *bacinella* è ora possibile leggere il documento. Ora è possibile conoscere gli ultimi pensieri del grande maestro.

Il professor Livin dà la lente al presidente della repubblica. Con profonda *commozione* questi si avvicina e legge. Ma subito si porta la mano davanti agli occhi e grida:

«Leggete! E' incredibile!»

Tutti si avvicinano, guardano e leggono: «Vi ho preso in giro tutti: dentro di me, io ero monarchico».

lente

bacinella

illeggibile, che non si può leggere
mosca, vedi disegno a pag. 22
restauratore, una persona che accomoda le vecchie cose
liquido, per esempio acqua, vino, latte etc.
commozione, sentimento dell'animo

Domande

1. Qual'è uno dei primi atti del governo repubblicano?

2. Chi è Bonaventura Carlsar?

3. Chi partecipa all'apertura della tomba?

4. Che cosa fa il medico legale, dopo che la bara è stata aperta?

5. Che cosa fanno i presenti, quando vedono che cosa conteneva l'astuccio?

6. Che cosa fa il professor Livin del foglio contenuto nell'astuccio?

7. Dì con parole tue che cosa leggono nel documento.

Pantomima

La bella Angelica Ribaudi, coi biondi capelli in *disordine* e il fresco viso da *diciottenne arrossato,* fa le scale di corsa, poi si ferma un momento prima di aprire la porta di casa, silenziosa come una ladra.

5   Vuole arrivare prima di sua madre, che ha visto in fondo alla strada scendere dal *tram.* Non teme d'arrivare tardi per la cena, ma una volta tanto può esser comodo evitare le storie e far credere di essere arrivata prima. Non le capita mai di tornare a casa prima della
10 mamma.

    Cammina in punta di piedi e si ferma un attimo davanti alla porta del padre; la spinge, guarda dento e respira: la camera è buia. Il babbo non è ancora rientrato. I fratelli poi non *rincasano* mai prima dell'alba. E
15 la donna di servizio, sempre chiusa in cucina, non si accorge mai di chi entra e esce e di quello che avviene nella grande casa.

    Angelica si chiude nella sua stanza. Senza accendere la luce *si spoglia* in fretta, si mette una veste da camera
20 e, al buio, si stende sul letto, perché vuole che i familiari, quando rincasano, *credano* che era a casa da molto tempo. E intanto aspetta di sentire da un momento all'altro girare la chiave nella porta di casa e il passo di sua madre che entra e la sua voce che domanda alla

---

disordine, il contrario di ordine
diciottenne, una persona di diciotto anni
arrossato, che ha preso un colore rosso
rincasare, tornare a casa
spogliarsi, togliersi gli abiti
credano, cong. pres. di credere, 3ˈ pers. plur.

tram

donna di servizio: «E' rientrata la signorina?» E la donna di servizio che risponde: «Non ancora» e la mamma che *si lamenta* per i troppi ritardi di lei e che poi invece la trova in camera addormentata. Una volta tanto una piccola *rivincita*. Ma non si sente nulla. 5

La ancora giovane e bella signora Iride Ribaudi, coi

---

lamentarsi, dire che non si è contenti di qualche cosa
rivincita, quando si vince dopo aver perduto molte volte

capelli un po' in disordine, col viso un po' arrossato per
aver fatto le scale di corsa, mette piano piano la chiave
nella *serratura*, la gira, spinge la porta senza far rumore
ed entra in casa come una ladra. Vuole arrivare prima
5 di suo marito che ha visto in fondo alla strada. In punta
di piedi passa davanti alla camera di sua figlia: la camera è buia e silenziosa, Angelica non è ancora rientrata. Non perchè deve rendere conto, ma è noioso
dar da dire ai figli; e, poi, una figlia come Angelica!
10   La signora Iride si chiude nella sua stanza, senza
accendere la luce si spoglia in fretta, infila una veste
da camera e al buio si stende sul letto perché vuole che
i familiari, quando rincasano, credano che era in casa
da molto.

serratura

15   Giovanni Ribaudi, dopo aver fatto le scale di corsa,
mette piano piano la chiave nella serratura, la gira,
spinge la porta senza far rumore ed entra in casa come
un ladro. Vuole che i familiari non si accorgano che rin-
casa così tardi. La casa è grande e se si fa attenzione
20 si riesce a *farla in barba* a tutti. Cammina in punta di
piedi e si ferma un attimo, tutto è silenzioso, respira: le
donne dormono.

---

farla in barba, riuscire a far credere una cosa non vera

Dopo un poco, sente la voce di sua moglie che chiede alla donna di servizio:

«Il signore è rientrato?»

«Nossignora» dice la *domestica.*

«Chi è in casa?»   5

«Nessuno.»

Giovanni s'affaccia dalla sua stanza.

«Ma sì, cara» dice «sono qua da un'ora. Ho visto che dormivi e non ho voluto svegliarti.»

«Già,» dice la signora Iride «son rincasata due ore fa   10 e poiché non c'era nessuno a casa, mi son messa un po' a riposare.»

Bugiarda, pensa Angelica, con la voglia di piangere per la *rabbia.*

Ma in quel momento il padre apre la porta della   15 camera di Angelica.

«Ma Angelica è qui» dice.

«Oh,» fa la signora Iride «non lo sapevo.»

Angelica *finge* di svegliarsi.

«Non sono uscita per niente,» dice «ho dormito tutto   20 il *pomeriggio.*»

La cena è silenziosa.

---

domestica, donna di servizio
bugiardo, che dice una cosa che non è vera
rabbia, forte sentimento contrario a qualche cosa
fingere, far credere (il falso)
pomeriggio, la seconda parte della giornata, dopo la mattina e prima della sera e della notte

Domande

1. Perché Angelica Ribaudi è così silenziosa?

2. Dove ha visto la madre?

3. Dov'è la domestica?

4. Che cosa fa Angelica quando entra in camera sua?

5. Chi ha visto in fondo alla strada?

6. Perché s'infila la veste da camera e si mette a letto?

7. Che cosa fa Giovanni Ribaudi quando arriva davanti alla porta?

8. Racconta la conversazione tra Giovanni e Iride.

9. Perché Giovanni, Iride e Angelica cenano in silenzio?

10. Che cosa immagini che i tre personaggi hanno fatto prima di rincasare?